Oferendas

para o meu Orixá

NÍVIO RAMOS SALES

Oferendas

para o meu Orixá

9ª edição
3ª reimpressão

Rio de Janeiro
2017

Copyright © 1989, by:
Nívio Ramos Salles

Produção editorial
Pallas Editora

Capa
Renato Martins

Ilustração de capa
Flor Opaso

Revisão
**Wendell S. Setúbal
Heloisa Brown**

Todos os direitos reservados à Pallas Editora e Distribuidora Ltda. É vetada a reprodução por qualquer meio mecânico, eletrônico, xerográfico etc., sem a permissão por escrito da editora, de parte ou totalidade do material escrito.

CIP-BRASIL. CATALOGAÇÃO-NA-FONTE.
SINDICATO NACIONAL DOS EDITORES DE LIVROS, RJ.

S165o   Sales, Nívio Ramos.
9ª ed.   Oferendas para o meu orixá / Nívio Ramos Sales
         — 9 ed. — Rio de Janeiro: Pallas, 2010.

         ISBN 978-85-347-0305-5

         1. Candomblés. I. Título.

84-0382   CDD 299.57
                                           CDU 299.60

Pallas Editora e Distribuidora Ltda.
Rua Frederico de Albuquerque, 56 – Higienópolis
CEP 21050-840 – Rio de Janeiro – RJ
Tel./fax: (021) 2270-0186
www.pallaseditora.com.br
pallas@pallaseditora.com.br

Roteiro das Ofocrendas

Exu ------------------------- 9
Erê ou Ibeji ---------------- 21
Ogum ----------------------- 29
Omolu/Obaluaiê ------------ 41
Oxum ---------------------- 51
Iemanjá -------------------- 65
Oxóssi --------------------- 75
Iansã ---------------------- 85
Oxalá ---------------------- 93
Oxumarê ------------------- 103
Xangô --------------------- 111
Nanã Burucu --------------- 123
Ossâim -------------------- 131

EXU

Seu dia é a segunda-feira.
Suas cores são vermelho e preto.
Seus locais preferidos são as encruzilhadas, porteiras, entradas e saídas.
Sua função é vigiar, comunicar, avisar, dar ciência de um fato. Levar nossos pedidos aos demais orixás.

É considerado irmão de Ogum, Omolu e Oxóssi. Nada se faz sem antes agradar a Exu, para que ele nos ajude junto aos outros orixás.

Na casa de Exu sempre tem aguardente, azeite-de-dendê, fumo. Quem lhe fizer oferendas fora de sua casa, tem sempre que levar aqueles ingredientes. É indispensável.

Como todo orixá, Exu se multiplica, havendo várias qualidades, com diversos nomes, vibrando em determinados ambientes. Para se ter um Exu *assentado*, ou seja, para se *fazer* um Exu, materializá-lo, há diversas formas e elementos que o compõem.

    É necessário saber o nome e a qualidade do Exu, sua vibração elemental e outros pormenores. Portanto, não basta ter uma imagem de gesso; deve-se saber como prepará-la, batizá-la dentro de uma mágica própria do orixá.

Uma farofa para Exu

Ingredientes:

farinha de mandioca
azeite-de-dendê
alguidar de barro vermelho
aguardente
vela vermelha e preta
cebola
camarão seco charuto
moedas correntes caixa de fósforo

Modo de fazer:

Em uma frigideira coloca-se o azeite-de-dendê. Quando estiver fervendo, adicionam-se a cebola e o camarão, picados, refogando-os e, em seguida, acrescentando a farinha. Mexer com uma colher de pau.

A farofa deve ficar solta para, em seguida, ser posta no alguidar, enfeitada com rodelas de cebola e camarão.

A *entrega* será feita com os demais ingredientes: a aguardente, aberta a garrafa ou posta no copo, cálice ou coité; a veja acesa, o charuto também. As moedas e os fósforos são postos dentro do alguidar ou em volta.

Se a *entrega* for feita em uma encruzilhada ou ao ar livre, deve-se forrar o chão com um metro de morim vermelho e preto.

Não se esqueça que os pedidos serão feitos a partir do momento em que se começa a preparar a farofa.

Se desejar que Exu fique mais ativo, coloque pimenta no refogado.

Oferenda para Acalmar Exu

Ingredientes:

charuto
farinha de mandioca mel
um prato de louça branca água
copo virgem
flores, de cores variadas
vela branca
moedas correntes
um metro de morim vermelho e preto
caixa de fósforos

Modo de fazer:

Sem levar ao fogo, mistura-se mel, água e farinha. A farofa deverá ficar solta. Em seguida, coloca-se no prato branco. Forra-se o espaço em que for *entregue* a oferenda, com o morim, pondo em volta as moedas, um copo com água, as flores, a vela acesa, o charuto e a caixa de fósforos.

Lembre-se de que o charuto ficará aceso, e você deverá tragá-lo ou soprá-lo pelo menos três vezes, fazendo os pedidos que lhe interessem.

A caixa de fósforos ficará aberta, com as cabeças dos fósforos para fora.

Bifes para Exu

Ingredientes:
três bifes de carne de porco
três velas vermelhas e pretas
um alguidar de barro vermelho
três garrafas de aguardente
três charutos
três caixas de fósforos
azeite-de-dendê
cebola, tomate
morim vermelho e preto

Modo de fazer:

Em uma frigideira passam-se os bifes no azeite-de-dendê, com cebola e tomate. Coloca-se no alguidar, enfeitando-o com rodelas de cebola e tomate.

No momento da *entrega*, faz-se a mesa com o morim, as velas acesas e os charutos; as garrafas de aguardente serão abertas e os fósforos depositados de maneira tal que fiquem à disposição para o uso.

É bom fazer a mesa em forma de triângulo.

OBS.: *Sempre que for para Pombagira, ou seja, o Exu fêmea, o aguardente é substituído pelo champanhe ou anis, além de incluir rosas vermelhas, perfume, fitas e adornos próprios para mulher vaidosa.*

Oferenda das Sete Encruzilhadas

Ingredientes:

- sete garrafas de aguardente
- sete charutos
- sete moedas correntes
- sete velas vermelhas
- sete velas pretas
- sete velas brancas
- sete pedaços de morim vermelho
- sete pedaços de morim preto
- sete pedaços de morim branco
- sete caixas de fósforos

Modo de fazer:

Em uma segunda-feira percorrem-se sete encruzilhadas, seguidamente. O horário é sempre noturno, principalmente a partir das 21 horas. Em cada encruzilhada, arma-se uma mesa, deixando uma unidade de cada ingrediente, sempre com a vela e o charuto acesos, além da caixa de fósforos, usada e aberta, com as cabeças dos fósforos para fora. A garrafa de aguardente deverá ser aberta, jogando-se seu líquido em forma de cruz e deixando a outra metade no centro da mesa.

Salva-se sempre o Exu Rei das Sete Encruzilhadas, pedindo tudo que for conveniente.

OBS.: *As encruzilhadas devem ser as que você, ao terminar, não passa por elas.*

Uma Farofa de Aguardente

Ingredientes:

uma garrafa de aguardente
farinha de mandioca
um alguidar de barro vermelho
uma vela vermelha e preta
um charuto
uma caixa de fósforos
moedas correntes
um metro de morim vermelho e preto

Modo de fazer:

Misturar a farinha com a cachaça, de modo que a farofa fique soltinha. Em seguida, coloca-se no alguidar e *entrega* a Exu, com os demais ingredientes, conforme as informações dadas anteriormente.

Pode-se acrescentar pimenta de toda qualidade, pisada ou em molho, acrescentando os nomes de nossos inimigos.

Bife para Exu

Ingredientes:

um bife
uma garrafa de dendê
um pacote de fubá de milho
uma cebola grande
um limão grande
uma vela de 7 dias ou sete velas comuns (podendo ser vermelhas ou pretas)
um charuto
uma garrafa de cachaça
um metro de morim vermelho (pano)
uma caixa de fósforos
um alguidar de barro

Modo de fazer:

Essa oferenda deverá ser feita acompanhada de cantigas para Exu e dos pedidos feitos a ele.

Frite o bife no dendê e reserve. Faça sete acaçás com o fubá de milho e reserve. Corte em rodelas a cebola e o limão.

Em primeiro lugar, coloque o bife no alguidar, com os sete acaçás por cima e enfeite-os com as rodelas de cebola e limão.

Entregue em uma encruzilhada. Forre o chão com o pano vermelho e coloque o alguidar já devidamente preparado em cima. Acenda a(s) vela(s) e o charuto, abra a garrafa e despeje um pouco de seu conteúdo em volta da oferenda. Se preferir utilizar as sete velas comuns, faça um círculo com elas. Trague e solte algumas baforadas com o charuto, colocando-o em seguida sobre o gargalo da garrafa.

Depois da entrega, reverencie a Exu, saindo de frente para a oferenda. Vire-se de costas sem olhar para trás. Evite passar nesse local durante vários dias.

ERÊ OU IBEJI

Seu dia é o domingo.
Suas cores são rosa-claro, azul-claro e branco.
Seus locais preferidos são os jardins, árvores ou parques.
Sua função é dar recados, amenizar o impacto das incorporações, alegrar os corações, diminuir as tensões, ajudar nas soluções dos problemas mais difíceis.

São considerados, no candomblé, filhos do orixá Oxum. Na umbanda, está sincretizado com São Cosme e São Damião. No candomblé, os Erês têm função importantíssima, pois, durante a iniciação, são eles que se apresentam para participar das tarefas mais árduas, amenizando os longos dias da iniciação, ajudando o iniciado a se adaptar aos costumes do candomblé.

Na umbanda, vem na sua *gira*, sempre infantil e brincalhão. Assim como todo indivíduo tem seu Exu, tem também seu Erê ou Ibeji, que deve sempre estar de acordo com o orixá.

Todo orixá tem seu Erê, que o segue.

Na língua iorubá, a palavra Erê significa estátua, podendo, também, designar *pequenos seres*.

As crianças, Erês ou Ibejis, gostam de brinquedos, doces, frutas e comidas, muitas vezes picantes. São irreverentes, maliciosos e brincalhões. Quando são levados a sério, conseguem solucionar problemas e ajudar as pessoas.

Enquanto na umbanda dá-se nome às crianças, de acordo com o universo social dos indivíduos, no candomblé elas são batizadas ou se intitulam dependendo da origem de seu orixá, mostrando, assim, sua raiz natural e tribal.

Frutas para os Erês

Ingredientes:

um cesto de vime
três maçãs
três pêras
três mangas
três goiabas
três pencas de banana
três cachos de uva
três garrafas de guaraná
três velas rosa, comuns, ou uma de sete dias
um metro de morim rosa
uma garrafa de mel

Modo de fazer:

Arrumam-se as frutas no cesto. Coloca-se o mel por cima e, em seguida, abre-se o guaraná, salpicando um pouco por cima das frutas.

A mesa, com velas, morim, flores, copos de papel, pode ser feita tanto em um local apropriado de sua casa, caso o tenha, como num jardim, mata, beira de praia ou rio.

As frutas podem variar ou ser acrescidas.

Um Presente para o Erê da Oxum

Ingredientes:

    cinco bananas-ouro
    cinco laranjas amarelas, lima
    cinco espelhos
    cinco pentes
    cinco bonecas
    cinco vidros pequenos de perfume
    um metro de morim amarelo
    um metro de morim verde
    cinco velas amarelas e cinco verdes
    cinco guaranás

Modo de fazer:

Preparar a mesa com os morins, próximo de um rio, regato ou mar. Servir os guaranás em copos, acender as velas, espalhar as bonecas e abrir os vidros de perfume, derramando pequenas gotas em torno da mesa.

Não esquecer de levar agulha, linha e pequenos pedaços de pano coloridos, para que Oxum faça vestidos para as bonecas de seus Erês.

Carne-Seca para Pedrinho-da-Mata

Ingredientes:

um quilo de carne-seca
um quilo de toucinho
um quilo de lingüiça
um quilo de mocotó
meio quilo de feijão-preto
seis guaranás
seis pedaços de rapadura
um punhado de farinha de mandioca
uma panela de barro
um prato de barro
seis velas verdes ou uma de sete dias
um pequeno chapéu de couro
balas de várias espécies
brinquedos imitando bichos
um metro de morim verde-claro

Modo de fazer:

Cozinhar o feijão e as carnes como se fosse feijoada. Fazer uma farofa com dendê e camarão seco.

Colocar o feijão com as carnes na panela de barro; no prato, a farofa. No chapéu de couro, colocam-se as balas. Em volta da mesa, forrada com o morim verde, colocar pedaços de rapadura, copos de guaraná e brinquedos.

Caso não tenha um local apropriado, *entregar* na mata ou embaixo de uma mangueira, com as velas acesas.

Doces para Cosme e Damião

Ingredientes:

sete cocadas
sete balas
sete caramelos
sete pés-de-moleque
sete pedaços de bolo
sete bombons
sete velas rosa ou uma de sete dias
sete guaranás
sete copos de papel
um metro de morim rosa, azul ou branco
flores miúdas e coloridas
uma travessa de louça

Modo de fazer:

Colocar todos os doces na travessa, preparando a mesa como se fosse para um aniversário. Sirva o guaraná nos copos e forre com o morim o local em que se vai fazer a oferenda, enfeitando-o com flores, búzios, brinquedos e corais. Devem-se também ofertar moedas correntes.

OGUM

Seu dia é a terça-feira.
Suas cores são o azul-marinho e o vermelho.
Seu local preferido são as estradas.
Sua função é abrir os nossos caminhos, deixando as estradas abertas para que possamos seguir em frente. É o protetor de todos que lidam com o ferro. É guerreiro, caçador e amigo dos perseguidos.

Ogum gosta de vinho ou cerveja branca, de feijão-preto ou mulatinho. Suas frutas prediletas são a manga-espada e o cajá; suas folhas, a aroeira e a espada-de-são-jorge.

Ogum é *representado*, nos candomblés, por uma ferramenta especialmente preparada. As oferendas para este orixá podem ser *entregues* na estrada de barro e na de ferro; é claro que vai depender da qualidade ou do nome do Ogum a quem se destina.

No candomblé, Ogum sempre tem um lugar especial para *receber* suas oferendas, chamado *assentamento*. Na umbanda, está ligado a São Jorge, no Sul do Brasil; no Norte, é Santo Antônio.

De qualquer forma, para os leigos, o melhor local para se oferecer um presente a Ogum é sempre nas estradas, seja de barro ou de ferro. Pode ser na lama, rio ou mar.

Ogum será sempre nosso defensor, pois está sempre disposto a nos ajudar e a defender uma causa justa.

Oferenda de Inhame

Ingredientes:

três inhames-cará
azeite-de-dendê, mel
uma garrafa de cerveja branca
vela azul-marinho ou vermelha
um alguidar de barro vermelho ou travessa
21 palitos (o ideal seria que os palitos fossem feitos do caule da palma do dendezeiro; como é difícil, pode ser usado outro vegetal)

Modo de fazer:

Assam-se os inhames, com casca, no forno, deixando esfriar dentro do alguidar ou travessa. Em seguida, leva-se a uma estrada aberta, de barro ou de ferro, de preferência íngreme, e lá no alto, arria-se da seguinte maneira: enfiam-se, um a um, os palitos, fazendo-se os pedidos, cantando ou orando. Terminando, cobre-se com azeite-de-dendê, depois o mel. Abre-se a cerveja ou vinho tinto, salvando em volta, derramando um pouco do líquido e deixando o restante ao lado do alguidar ou travessa, com a vela acesa. Fósforo também é necessário, além do charuto, embora sem obrigatoriedade.

Oferenda de Feijão

Ingredientes:

um quilo de feijão-mulatinho
azeite-de-dendê
cebola
farinha de mandioca
vela
charuto
fósforo
cerveja branca ou vinho tinto
um alguidar de barro vermelho
três ovos cozidos

Modo de fazer:

Torra-se o feijão em uma frigideira, com um pouco de azeite-de-dendê. Prepara-se uma farofa, também com dendê e cebola. No fundo do alguidar, coloca-se a farofa, em seguida uma camada de cinco rodelas de cebola, depois o feijão torrado, coberto de rodelas de cebola e ovos.

Entrega-se com os demais ingredientes, sempre seguindo o ritual já anteriormente descrito, inclusive procurando um local apropriado, caso não se tenha.

Feijoada de Ogum

Ingredientes:

Feijão-mulatinho
carne de boi, lingüiça de porco, toucinho, pé etc.
azeite-de-dendê
um alguidar de barro vermelho
uma cerveja branca
vela
fósforo
charuto

Modo de fazer:

Deixar o feijão de molho por uma noite. As carnes deverão ser lavadas, ficando também de molho. No dia seguinte, levar ao fogo com bastante azeite-de-dendê.

Entrega-se a Ogum com o restante dos ingredientes, de acordo com as instruções anteriormente dadas.

Essa feijoada pode ser comida, desde que o primeiro prato, ou alguidar, seja retirado para o orixá.

Aipim para Ogum

Ingredientes:
aipim (macaxeira)
azeite-doce, mel
cerveja branca, charuto
vela e fósforo
um alguidar de barro vermelho ou travessa

Modo de fazer:

Cozinhar o aipim, amassando-o e, em seguida, fazendo bolinhos; regar com o azeite-doce e o mel.

A entrega se procede do mesmo jeito das anteriores, acompanhada dos demais ingredientes e seguindo o mesmo ritual.

OBS.: *A quantidade e o número dos ingredientes variam, dependendo da necessidade de cada um, do pedido do orixá ou da intuição do neces- sitado, bem como da forma como a mesa é posta. Flores, velas, bebidas, pano para forrar, tudo pode ser colocado para agradar o orixá. A hora também varia; pode ser à noite, à tarde, de manhã, a partir das nove horas ou às quatro horas, na alvorada. A Lua é sempre Cheia, Crescente ou Nova.*

Feijoada para Ogum

Ingredientes:

um quilo de feijão mulatinho
três bons pedaços de carne de boi
três pedaços de lingüiça de porco
três pedaços de toucinho
três pés de porco
um alguidar de barro
outros tipos de carne (sempre em três pedaços)
uma garrafa de azeite-de-dendê
uma garrafa de cerveja branca
três velas brancas ou azul-marinho (de sete dias, caso a oferenda seja entregue na casa de Ogum)

Modo de fazer:

Cante e peça a Ogum durante todo o preparo e a entrega desta oferenda.

Cozinhe a feijoada em uma panela de barro e acrescente o dendê. Quando estiver pronta e fria, coloque-a no alguidar.

A entrega pode ser feita em uma estrada de terra ou na via férrea. Forme um triângulo com as velas acesas e coloque no centro deste a oferenda. A garrafa ficará aberta, após derramar umas gotas em torno da oferenda.

    Lembre-se de que o local de entrega varia de acordo com o Ogum a quem é destinada a oferenda. Por exemplo: Ogum Beira-mar tem como local de entrega, é claro, a beira do mar.

Salada para Ogum

Ingredientes:
- três quilos de inhame
- três quilos de batata-baroa
- três quilos de inhame de rama
- três quilos de batata-doce
- três gengibres
- três favas de aridan
- três quilos de amendoim torrado
- três quilos de camarão seco
- três quilos de cebola ralada
- um litro de azeite-doce
- três quartinhas de barro
- três garrafas de cerveja preta
- três ovos cozidos
- três couves (folhas)
- três chicórias
- um alguidar grande (prato de barro vermelho)
- três pedaços de pano, de um metro cada (um verde, um azul-marinho e um vermelho)
- três velas (uma verde, uma azul-marinho e uma vermelha)

Modo de fazer:

Cozinhe os inhames, as batatas e corte em pedaços. Acrescente o gengibre cortado, as favas, o amendoim torrado, o camarão seco e a cebola ralada. Misture tudo. Coloque no alguidar e enfeite com as folhas de couve e chicória. Regue essa mistura com o azeite-doce. Descasque os ovos cozidos e coloque-os de pé em cima da salada. Encha as quartinhas com cerveja.

Essa oferenda deverá ser entregue na beira de um rio ou córrego, próximo à mata. Forre a mesa com os três pedaços de pano e acenda as três velas nas mesmas cores.

Bife de Carne Bovina para Ogum

Ingredientes:

    três grandes pedaços de carne de boi
    uma garrafa de dendê
    um quilo de cebola
    sal, salsa, coentro, cebolinha, pimentão, tomate, alho
    três velas azuis ou uma de sete dias
    um metro de pano azul-marinho
    uma garrafa de cerveja branca
    um copo
    um alguidar (prato) de barro

Modo de fazer:

Cozinhe os bifes com todo o tempero e o dendê. Quando estiverem frios, coloque-os no alguidar, enfeite-os com rodelas de cebola e acrescente um pouco do azeite-de-dendê.

A oferenda será entregue na estrada de ferro ou chão batido, caso não possua o quarto de santo. Prepare a mesa do mesmo modo que a dos outros orixás.

OMOLU / OBALUAIÊ

Seu dia é a segunda-feira.
Suas cores são o branco, o preto e o vermelho.
Seus locais preferidos são o cemitério, o lamaçal e a estrada.
Sua função é curar doenças da pele, febre e doenças nos ossos. Livrar os olhos da peste, da bexiga e outras doenças que vêm com o ar.

É considerado o médico dos pobres. Sua casa está sempre situada na floresta, fora do alcance dos homens, separada dos outros orixás.

Omolu está ligado à terra, bem como à morte. É tido como filho de Nanã. Anda coxeando, devido à doença, e seu corpo está sempre escondido por palha-da-costa, para encobrir as feridas que fazem parte de sua vida.

Omolu é considerada uma entidade velha, enquanto Obaluaiê é sua forma mais jovem. Ambos estão na mitologia afro como um orixá determinado, participando de determinadas vibrações da natureza.

Omolu não é Exu, como muitos imaginam, embora seja considerado irmão e, muitas vezes, o acompanhe, dependendo da sua qualidade, como também da do Exu.

Dentro do candomblé Omolu é um dos orixás mais respeitados e temidos, e também muito querido, pelo seu dom de cura.

As Flores de Omolu

Ingredientes:

milho-alho ou milho para pipoca
areia lavada
alguidar de barro vermelho
vela branca ou branca e preta
pano branco e preto
garrafa de quinado
fósforos

Modo de fazer:

Colocar uma panela no fogo com areia lavada. Deixar esquentar para, em seguida, pôr um punhado de milho. Tampar e esperar o milho pipocar. Retirar os que estiverem mais abertos.

Posto no alguidar, deve ser *entregue* em um cemitério, no Cruzeiro, na porta, ou até mesmo em suas vias. Para quem tem a imagem de São Lázaro, pode-se cobri-la com essas flores, mudando de sete em sete dias. Além do cemitério, também pode ser arriado nas encruzilhadas, ao lado da estrada, ou num local de pedra, dentro do mar ou lamaçal.

Oferecem-se os outros ingredientes seguindo o mesmo ritual anteriormente citado, além da imaginação e sensibilidade do fiel e necessitado.

Farofa, para Obaluaiê

Ingredientes:

farinha de mandioca
mel
banana-da-terra
azeite-de-dendê
alguidar de barro vermelho
vela branca e preta
fósforo
quinado

Modo de fazer:

Faz-se a farofa com mel e água, colocando-a no alguidar. Em seguida, enfeita-se a farofa com rodelas de banana-da-terra, já frita no azeite-de-dendê.

Entrega-se ao orixá, conforme já dito, ou nos pés de São Lázaro, para quem o tem.

Reitera-se que essas oferendas, suas *entregas* e rituais variam, dependendo de quem as faz, podendo enriquecê-las ou seguir as instruções dadas.

Todo orixá é múltiplo, contínuo e móvel. Por isso, a variação das formas de ofertas é compatível, embora haja um ponto em comum, que são os determinados elementos que fazem parte do orixá.

Bolinhos para Obaluaiê

Ingredientes:

milho vermelho
folha de mamona
travessa de barro vermelho
vela branca e preta
fósforos
quinado
morim branco e preto ou vermelho

Modo de fazer:

Milho de molho na véspera; passar na máquina ou liqüidificador. Peneirar.

Da massa, fazem-se bolinhos, que serão postos em folhas de mamona, que irão forrar a travessa.

A *entrega* ao orixá é idêntica à descrita anteriormente, com o restante dos ingredientes e no local adequado.

OBS.: *Se desejar; passe azeite-de-dendê nos bolinhos.*

Feijão para Omolu

Ingredientes:

feijão-preto
lingüiça de porco, carne de porco
camarão seco
azeite-de-dendê
vela branca e preta ou vermelha
alguidar de barro vermelho
vinho tinto ou quinado
morim branco, vermelho e preto
fósforo

Modo de fazer:

Deixar, na véspera, o feijão de molho. Lavar toda a carne, deixando-a também de molho. Colocar tudo para cozinhar, como uma feijoada, acrescentando azeite-de-dendê.

Quando passar para o alguidar, enfeitar com camarão seco.

Procede-se à *entrega* como das vezes anteriores.

Oferenda para Obaluaiê

Ingredientes:

sete bananas-da-terra
uma garrafa de dendê
um quilo de açúcar
um prato de barro
sete velas brancas
um metro de morim branco

Modo de fazer:

Frite as bananas no azeite-de-dendê. Forre o prato com açúcar e, em seguida, coloque-as por cima.

Polvilhe um pouco do açúcar sobre elas. Procure uma gruta na mata ou na beira-mar e entregue a oferenda, acendendo as velas, pedindo saúde, proteção e misericórdia.

Caranguejo para Obaluaiê

Ingredientes:

sete caranguejos grandes
uma garrafa de dendê
coentro, cebola, pimenta, alho, vinagre e azeite-doce
rodelas de quiabo
sete velas pretas e sete velas brancas
um metro de pano preto
um metro de pano branco
um alguidar (prato) de barro
uma garrafa de vinho tinto
um cálice
um quilo de milho para pipoca
um punhado de areia de rio ou de praia

Modo de fazer:

Lave os caranguejos, vivos, em água corrente, para retirar o barro. Em seguida, jogue-os em uma panela com água fervendo. Coloque os temperos e, por último, as rodelas de quiabo.

Quando os caranguejos estiverem cozidos, faça um pirão com o próprio caldo. Despeje, então, um pouco do azeite-de-dendê por cima.

Espere os caranguejos esfriarem para tirar, pacientemente, sua carne e colocá-la por cima do pirão, acrescentando mais um pouco de dendê.

Ofereça-a, preparando a mesa como o usual e enfeitando-a com as pipocas mais bonitas, que serão feitas com milho e areia.

Bifes de Carne de Porco para Omolu

Ingredientes:

sete bifes de carne de porco
sete velas brancas
sete velas pretas
um metro de pano branco
um metro de pano preto
uma garrafa de vinho tinto
um quilo de milho para pipoca
um alguidar de barro
uma garrafa de dendê
um quilo de cebola

Modo de fazer:

Frite os sete bifes no azeite-de-dendê.

Com o milho, faça as pipocas e escolha as mais abertas. Faça as mesmas sempre com areia do rio ou da praia.

Quando os bifes estiverem frios, ponha-os no alguidar, enfeitando-os com rodelas de cebola e pipocas.

A preparação da mesa é sempre idêntica à das demais oferendas. Ou seja, forre a mesa com os panos, coloque o alguidar já arrumado por cima deles e posicione os demais ingredientes graciosamente à sua volta.

OXUM

Seu dia é o sábado.
Suas cores são o amarelo-ouro e o azul-claro (as mais comuns).
Seus locais preferidos são as cachoeiras, os rios, as profundezas dos oceanos. Está ligada à água doce.
Sua função é criar, fazer com que os seres cresçam. É a representação do amor e da beleza.

É considerada a Senhora do Ouro, além de dar aos filhos o dom da adivinhação. Está ligada a Oxóssi, como esposa e a Xangô como uma de suas amadas.

Na umbanda, seu sincretismo é com Nossa Senhora. Como todos os orixás, Oxum se multiplica, podendo inclusive ser guerreira, lutando ao lado de Ogum, nas estradas; brigando para defender Xangô contra os inimigos.

Oxum representa a feminilidade, a gravidez e a mãe de todas as crianças que não falam. No seu peji, ou altar, se encontram espelhos, flores, bonecas, pentes e outros utensílios representativos de sua grande denguice e feminilidade.

Os filhos de Oxum geralmente são meigos, dóceis mas, quando encolerizados, tornam-se vingativos e cruéis.

A saudação para Oxum é *Ora yê yê, ô!*

Além do nome Oxum, próprio do ritual de Ketu, também é chamada Tambalacinda, no ritual de Angola.

Pudim para Oxum

Ingredientes:

feijão-fradinho
camarão seco
azeite-de-dendê
cinco ovos
salsa e cebolinha
azeite-doce
cinco velas amarelas comuns ou
   uma de sete dias
cinco rosas amarelas
um metro de morim amarelo
cinco metros de fita amarela
espelho, pente
terrina de louça amarela, prato
   ou tigela

Modo de fazer:

Cozinhar o feijão na água, sal e azeite-de-dendê, amassando-o em seguida. Fazer o molho do camarão, salsa e cebolinha. Cozinhar os ovos, descascando-os. O molho será adicionado à massa do feijão. Os ovos, colocados sobre o pudim, quando já estiver na louça. Regar o pudim com o azeite-doce.

O restante do material deverá enfeitar a mesa, para agrado do orixá.

Um Agrado a Oxum para Pedir Gravidez e Amor

Ingredientes:

cinco ovos cozidos
canela-em-pó
uma garrafa de mel
cinco rosas amarelas
uma vela de sete dias, amarela
uma tigela de louça amarela ou branca
fubá de milho
uma imagem pequena de N. Sra. da Conceição
um metro de morim amarelo
cinco metros de fita amarela

Modo de fazer:

Retirar as claras dos ovos. As gemas, a canela-em-pó, o mel e o fubá de milho serão misturados até virar uma pasta. No ato da mistura, o pedido vai sendo *afirmado*.

A imagem deverá estar previamente batizada, com a água benta de cinco igrejas. Passá-la no ventre e colocá-la no bolo ou na massa, que já deverá estar na tigela, prato ou terrina. Enfeitar com as pétalas das rosas amarelas; as velas devem estar acesas. O morim forrará como se fosse uma toalha, as fitas em forma de laços podem enfeitar a imagem ou a mesa. O conjunto deve parecer um bolo de noiva.

Entregar na cachoeira, rio ou lago, caso não tenha em sua casa local apropriado.

Banana-Ouro para Oxum

Ingredientes:
cinco pencas de banana-ouro
uma garrafa de mel
cinco pratos de louça, amarelos
   ou brancos
cinco velas amarelas
cinco metros de fita amarela
cinco pedaços de morim amarelo
cinco garrafas de guaraná
flores amarelas

Modo de fazer:

Na beira de uma cachoeira, rio ou lago armar uma mesa, com os cinco pratos, sobre o morim amarelo. Cada prato leva uma penca de banana, coberta com o mel.

Acender as velas. As garrafas de guaraná deverão ficar abertas, derramando um pouco em volta da mesa ou colocando em copos. As flores, juntamente com as fitas, deverão enfeitar as garrafas e a mesa.

Esta oferenda é própria para Oxum-menina. Se desejar, leve pequenas bonecas ou brinquedos para menina.

Milho para Oxum

Ingredientes:
um quilo de milho amarelo
uma garrafa de mel
cinco ovos cozidos
canela-em-pó
um coco
vinho branco
rosas amarelas
cinco velas amarelas ou vela de sete dias

Modo de fazer:

Cozinhar o milho, colocando-o em uma tigela branca ou amarela; um prato também serve. Os ovos devem ser descascados. O coco, após retirada a casca, ficará em fatias.

Tanto os ovos como as fatias do coco enfeitarão o prato, terrina ou tigela. Por cima, a canela-em-pó. Se desejar, forre a mesa com o morim amarelo.

Abra o vinho, despeje em volta, saudando o orixá. Acenda as velas, enfeite com as flores e as fitas.

OBS.: *Esta oferenda, como as demais, é sempre feita no dia apropriado, com muita dedicação, fé e amor. Recomenda-se abstinência de álcool e sexo, no mínimo 24 horas antes. Além de obedecer a fase lunar, também a hora própria ao orixá.*

Ovos para Oxum

Ingredientes:

cinco ovos
uma garrafa de azeite-de-dendê ou azeite-doce
salsa e cebolinha
camarão seco
cinco velas amarelas
cinco rosas amarelas
um metro de morim amarelo
uma garrafa de vinho branco
um prato, terrina ou tigela, branco ou amarelo

Modo de fazer:

Colocar os temperos verdes na panela para fazer o molho, adicionando, logo em seguida, os cinco ovos estrelados. Acrescente o óleo. Quando estiver frio, prepare a mesa com os demais ingredientes, seguindo as mesmas instruções anteriores. Lembre-se de sempre *entregar* as oferendas em ponto frio, nunca quente, principalmente para os orixás considerados de princípio feminino.

Oferenda para Oxum

Ingredientes:
um quilo de feijão-fradinho
uma garrafa de dendê
uma tigela de louça branca ou amarela
cinco bananas-ouro
cinco velas nas cores: amarela, azul, branca, verde e rosa
cinco metros de fitas nas cores: amarela, azul, branca, verde e rosa
uma garrafa de vinho branco
cinco taças
cinco espelhos e cinco pentes pequenos
cinco bonecas pequenas

Modo de fazer:

Cozinhe o feijão com azeite-de-dendê. Coloque-o na tigela e, por cima, as bananas. Espere esfriar. Em seguida, passe no corpo, simbolicamente, as fitas, as velas, os pedaços de panos, um por um, pedindo à Deusa Oxum tudo de bom e a abertura dos seus caminhos.

Forre o local com os panos e coloque a tigela já arrumada por cima deles. Disponha graciosamente as velas, as fitas, os espelhos, os pentes, as bonecas, as taças e a garrafa de vinho em volta da tigela. Abra a garrafa e despeje um pouco do seu conteúdo sobre a oferenda.

Bolos de Camarão para Oxum

Ingredientes:

um prato de louça amarela ou branca
um quilo de camarão graúdo
um quilo de cebola
uma cabeça de alho
um quilo de tomate
um quilo de pimentão
um molho de coentro
uma lata de azeite-doce
um quilo de arroz
um pacote de farinha de goma
uma garrafa de dendê
cinco velas amarelas ou uma de sete dias
uma garrafa de vinho branco
uma taça
um metro de pano amarelo
cinco rosas amarelas

Modo de fazer:

Cozinhe os temperos com o camarão e o azeite-doce até formar um caldo grosso.

Cozinhe o arroz e, em seguida, misture-o com o caldo e a farinha de goma. Faça uma pasta ou massa grossa, com a qual molde pequenos bolos, com as próprias mãos. Frite esses bolos em uma frigideira com azeite-de-dendê fervendo. Deixe esfriar.

Forre a mesa com o pedaço de pano e coloque a tigela com os bolinhos em cima. Coloque a(s) vela(s) acesa(s), a taça e a garrafa de vinho ao redor da tigela. Enfeite com as pétalas de rosa.

Peté para Oxum

Ingredientes:
cinco quilos de inhame
uma garrafa de dendê
cinco quilos de camarão seco
cinco quilos de cebola
uma terrina de louça branca
cinco velas amarelas ou uma de sete dias
cinco rosas amarelas
cinco garrafas de champanhe
cinco taças
um metro de morim amarelo
um metro de morim branco
cinco metros de fita amarela, cortada em pedaços de um metro

Modo de fazer:
Descasque o inhame e corte-o em pequenos pedaços. Cozinhe em água e sal. Quando estiver bem cozido, adicione o camarão, a cebola e o dendê, formando uma pasta. Espere esfriar e coloque a pasta dentro da terrina.

Forre o local com os panos e ponha a terrina por cima. Abra as garrafas, encha as taças com o champanhe e despeje o mesmo em volta da oferenda. Arrume e acenda a(s) vela(s), enfeite tudo com as pétalas de rosa e as fitas amarelas.

A oferenda deverá ser entregue na beira de um rio, de uma cachoeira ou em água corrente.

IEMANJÁ

Seu dia é o sábado.
Sua cor é o branco transparente ou o cristal. Outras cores: azul-claro com branco e rosa-claro.
Seu local preferido, no Brasil, é o mar.

É considerada a mãe de todos os peixes e de quase todos os orixás, além de esposa de Oxalá. É sincretizada, também, com Nossa Senhora, mas sua ligação está mais para a sereia e a iara, deusa das águas dos rios brasileiros, elemento da cultura religiosa indígena.

Está ligada a procriação, fecundação e abundância. É vista pelos adeptos do candomblé como uma senhora de grandes seios, carregando na cabeça a sua fartura. É de seu ventre que saíram as águas, que deram origem a novos seres ou orixás. É a mãe, por excelência. Sua saudação é *Odô-iá!*

No ritual de Angola é chamada Dandalunda, no ritual de caboclo, Dona Janaina, sereia Mukunã, Dona Maria etc. Suas oferendas são sempre *entregues* na orla marítima ou nas profundezas do oceano.

Arroz para Iemanjá

Ingredientes:

um quilo de arroz
salsa e cebolinha
quatro ovos
um prato ou tigela de louça branca
uma lata de azeite-doce
um metro de morim azul-claro ou rosa
quatro velas da mesma cor
flores brancas ou de diversas cores
camarão seco

Modo de fazer:

Cozinhar o arroz e os ovos, refogando-os com azeite-doce, salsa e cebolinha.

Coloca-se no prato ou tigela e enfeita-se com os ovos e o camarão. Arma-se a mesa. Pode-se colocar champanhe ou água mineral e fitas nas cores apropriadas.

Os camarões devem ser, de preferência, secos e graúdos, postos nas bordas do prato ou tigela, enquanto os ovos ficam em pé, descascados, cozidos.

Arroz para Iemanjá

Ingredientes:
quatro tainhas
um quilo de farinha de mandioca
quatro cebolas
quatro ovos
quatro tomates
azeite-de-dendê
azeite-doce
quatro velas azuis, brancas ou rosa
flores brancas (palmas ou rosas)
morim branco, azul-claro ou rosa
vinho branco ou água mineral
um prato branco

Modo de fazer:

Assar os peixes sem retirar as barbatanas. Cozinhar os ovos e descascá-los. Fazer uma farofa amarela, com o azeite-de-dendê e uma farofa branca, com azeite-doce. Das cebolas e tomates, faça rodelas.

Forre com o morim, coloque os peixes no prato, juntamente com as farofas, e em seguida, enfeite-os com os ovos, as rodelas de cebola e tomate. Com o restante do material, proceder como de costume nas outras oferendas.

Milho Branco para Iemanjá

Ingredientes:

um quilo de milho branco
camarão seco
uma garrafa de azeite-de-dendê
quatro velas brancas, azuis ou rosa
morim branco, azul ou rosa
uma garrafa de champanhe ou água mineral
um prato branco ou tigela de louça
flores brancas ou de diversas cores

Modo de fazer:

Cozinhar o milho branco com água e azeite-de-dendê. Enfeitar com camarões graúdos, nas bordas do prato ou em volta da tigela, em forma de flor.

Os outros ingredientes serão usados como das vezes anteriores.

Manjar para Iemanjá

Ingredientes:
um pacote de creme de arroz
quatro ovos
leite de coco
um prato branco
açúcar
flores brancas ou de cores diversas (narciso seria o ideal)
velas brancas, azul-claras ou rosa
morim branco, azul-claro ou rosa
água mineral ou champanhe

Modo de fazer:

Fazer o manjar com o creme, leite de coco e açúcar. Cozinhar os ovos.

No prato, os ovos devem ficar em volta, enfeitando o manjar, usando-se pétalas de flores. A mesa é sempre igual. O ritual, o mesmo.

Maxixe para Iemanjá

Ingredientes:

16 maxixes
uma travessa de louça branca
azeite-doce
uma garrafa de champanhe ou água mineral
flores e velas brancas, azul-claras ou rosa
morim branco, azul-claro ou rosa

Modo de fazer:

Faça rodelas bem finas dos maxixes. Em seguida, coloque-as na travessa de louça. Com o azeite-doce regue as rodelas.
Com os demais ingredientes preparar a mesa da mesma forma das anteriores.

Camarão para Iemanjá

Ingredientes:

um quilo de camarão seco
um coco
uma garrafa de dendê
salsa, cebolinha, coentro
quatro velas azuis ou uma de sete dias
quatro rosas de cores diferentes
um metro de pano na cor azul-clara
uma terrina de louça branca
uma garrafa de champanhe

Modo de fazer:

Limpe o camarão. Tire o leite do coco. Leve o camarão ao fogo e refogue-o com dendê, leite do coco, salsa, cebolinha e coentro.

Deixe esfriar e coloque na terrina.

A entrega pode ser à beira-mar e o horário apropriado tanto pode ser ao nascer do Sol quando ao cair da tarde. A mesa é sempre feita com os demais materiais, sempre cantando e pedindo ao orixá.

Lembre-se: para fazer oferenda aos orixás, o corpo deve estar limpo, ou seja, não pratique sexo, consuma álcool ou qualquer outro tipo de vício.

Milho Branco para Iemanjá

Ingredientes:
- um quilo de milho branco
- uma garrafa de dendê
- um quilo de camarão seco
- um quilo de cebola
- quatro velas brancas ou uma de sete dias
- quatro rosas brancas
- um metro de morim branco
- um metro de morim azul-claro
- uma garrafa de champanhe
- um perfume
- uma taça
- uma terrina de louça branca

Modo de fazer:

Deixe o milho de molho durante a noite. No dia seguinte, coloque para cozinhar, com dendê, camarão seco e cebola. Coloque-o dentro da terrina. Sirva frio.

Prepare a mesa, cobrindo-a com os pedaços de pano. Coloque a terrina ao centro e, à sua volta, disponha o perfume, a taça com champanhe, a garrafa aberta e enfeite com as pétalas de rosa. Acenda a(s) vela(s) e faça seus pedidos.

Oferendei para Iemanjá

Ingredientes:
um quilo de milho branco
quatro pêras, um coco verde
um metro de fita branca
um metro de fita azul
um metro de fita amarela
um metro de fita rosa
uma terrina de louça branca (tigela)
quatro velas nas cores das fitas
um metro de morim azul (ou quatro pedaços de morim nas cores das fitas e velas)
uma garrafa de champanhe
uma taça

Modo de fazer:

Cozinhe o milho para fazer uma canjica. Quando estiver fria, coloque-a na tigela. Em seguida, arrume as quatro pêras em cima da canjica. Tire a água do coco e derrame por cima das pêras e da canjica. Passe as fitas, simbolicamente, pelo seu corpo, uma por uma e, em seguida, arrume-as dentro da tigela. Os panos e o restante do material são para fazer a mesa como de costume.

Essa oferenda deve ser entregue à beira-mar, em uma praia deserta, no raiar do dia.

OXÓSSI

Seu dia é a quinta-feira.
Suas cores são o verde, o azul-claro e o amarelo.
Seu local preferido é a mata.
Sua função é caçar.

No candomblé é considerado um príncipe que se dedicava à caça, irmão de Ogum, Omolu e Exu. Para muitos, o eterno marido de Oxum (uma determinada qualidade de Oxum). Sua morada é a mata, sob uma árvore frondosa ou uma choupana. Seu símbolo é o arco e flecha, chamado *ofá*, feito de ferro batido, preparado magicamente pelos entendidos e posto em um alguidar de barro vermelho, para ali receber as oferendas. Assim como outros orixás, Oxóssi tem várias denominações, podendo ser jovem ou velho, ou meigo como uma jovem donzela.

Na umbanda está ligado a São Sebastião e, no candomblé, a São Jorge, dependendo da região do Brasil.

É chamado o Rei da Lua, morador na loca de pedra, dono das matas, caçador da beira do rio e príncipe encantado.

Gosta de frutas e de aluá, bebida preparada com frutas e cereais. Sua oferenda predileta é o milho amarelo, coco e abóbora. Suas cores, na umbanda, são o vermelho e o verde, levando às vezes o branco. Está ligado aos espíritos dos caboclos que baixam em seus terreiros, havendo, em seus cantos, uma certa confusão para aqueles que distinguem Oxóssi, o orixá, para o Caboclo, espírito ou antepassado indígena do solo brasileiro.

Milho Amarelo

Ingredientes:
milho amarelo
coco
ovos
vinho tinto
alguidar de barro vermelho
vela verde
charuto e fósforo
morim verde ou azul-claro
cravo e canela-em-pó

Modo de fazer:
Cozinhar o milho e retirar a casca do coco, partindo-o em fatias ou rodelas. Cozinhe os ovos, de três a seis, para, em seguida, parti-los ao meio ou em rodelas.

Coloque o milho no alguidar; na sua borda, enfeite com as fatias do coco e, dentro, com as rodelas ou metade dos ovos. Por cima de tudo coloque o cravo e a canela.

Levar na mata e, sob uma árvore frondosa, forrar o morim, acendendo a vela e o charuto. Abrir a garrafa de vinho, jogando um pouco em volta, salvando Oxóssi e o povo da mata. Deixe algumas moedas correntes, em volta ou em cima do alguidar. Se preferir, enfeite com fitas e flores, de preferência o cravo vermelho.

Abóbora Cozida

Ingredientes:

abóbora-moranga coco
milho vermelho
amendoim torrado ou cru
vinho tinto
vela verde
charuto e fósforo
moedas correntes
morim verde ou azul-claro
alguidar de barro vermelho

Modo de fazer:

Cozinhar a abóbora-moranga e o milho. Em seguida, abrir a abóbora, retirar as sementes e colocar no lugar o milho co-zido, o amendoim e pequenos pedaços do coco.

Coloca-se a abóbora dentro do alguidar e, em volta, enfeita-se com fatias de coco. Dentro da abóbora colocam-se as moedas e um pouco do vinho tinto. Como sempre, oferece-se na mata ou aos pés de sua *ferramenta*, caso a tenha. O restan-te, deve-se proceder da mesma forma que as anteriores.

OBS.: *Muitos usam mel para Oxóssi, mas eu só o uso para os caboclos, porque aprendi que Oxóssi não gosta de mel.*

Canjica de Milho Vermelho

Ingredientes:

fubá de milho vermelho
coco
alguidar de barro vermelho
cravo e canela-em-pó
vela verde
charuto e fósforo
morim verde ou azul-claro
vinho tinto

Modo de fazer:

Cozinhar o fubá com leite de coco. Depois de frio, coloque no alguidar, enfeitando com fatias de coco, cravo e canela.

Oferecer na mata ou aos pés do orixá, caso o tenha *assentado*. O restante do ritual é o mesmo dos anteriores.

Fintas para Oxóssi

Ingredientes:

goiaba, melancia, melão, maçã, pêra, uva e outras frutas
travessa de barro vermelho ou cesta de palha
flores diversas
vinho tinto ou aluá
velas verdes, azul-claras ou vermelhas
fitas nas mesmas cores
morim verde, azul-claro, branco ou vermelho
fósforos e charuto

Modo de fazer:

Levar à mata e preparar uma mesa de frutas. Se desejar, pode levar mel, em homenagem aos caboclos, fumo-de-rolo e aguardente.

Caso tenha orixá *assentado*, com sua *ferramenta*, faça a mesa aos seus pés.

O que Oxóssi mais gosta é de frutas, principalmente as silvestres.

Quibebe de Abóbora para Oxóssi

Ingredientes:

seis pedaços grandes de abóbora
um quilo de açúcar
um coco (ou leite de coco)
uma garrafa de vinho tinto
um cálice ou copo
um metro de pano verde
seis velas verdes ou uma de sete dias
um alguidar de barro

Modo de fazer:

Cozinhe os pedaços de abóbora. Em seguida, amasse-os ou passe-os no liquidificador. Acrescente o leite de coco e o açúcar, mexendo até formar uma pasta suculenta. Ponha no alguidar e sirva ao orixá.

A mesa é preparada igualmente como a dos outros orixás.

Entregue na mata, debaixo de uma árvore frondosa ou no quarto do orixá.

Camarão para Oxóssi

Ingredientes:
um quilo de camarões graúdos
dois cocos
uma garrafa de dendê
um quilo de cebolas
seis ovos
uma garrafa de vinho tinto
uma taça ou copo
um metro de um pano verde
seis velas verdes ou uma de sete dias
sal

Modo de fazer:

Tire o leite dos dois cocos para, em seguida, numa frigideira, colocá-lo, com os camarões, as cebolas em rodelas, sal e azeite-de-dendê.

Deixe cozinhar um pouco em fogo brando e acrescente os seis ovos batidos.

Entregue frio.

Prepare a mesa com os demais ingredientes, conforme indicado para outras oferendas.

Lembrete: Caso faça a entrega na mata fechada, procure uma árvore frondosa para deixar a oferenda.

Miúdos de Boi para Oxóssi

Ingredientes:
- seis quilos de miúdos de boi (todos)
- uma garrafa de dendê
- um quilo de camarão seco
- um quilo de cebola
- uma garrafa de vinho tinto
- um alguidar (prato) de barro
- seis velas verdes ou uma de sete dias
- um metro de pano verde
- um cálice ou copo

Modo de fazer:

Corte os miúdos do boi em pequenos pedaços. Rale a cebola e moa o camarão, fazendo com eles e o azeite-de-dendê um refogado. Deixe cozinhar bem e, então, acrescente os miúdos, colocando pouquíssima água. Deixe esfriar e ofereça ao orixá.

A mesa é preparada da mesma forma que as anteriores.

IANSÃ

Seu dia é a segunda ou a quarta-feira.
Suas cores são o vermelho, o coral e o marrom.
Seu local preferido é o bambuzal.
Sua função é varrer a atmosfera, por isso é o vento. Tem também a função de comandar os Eguns, ou seja, as almas penadas.

É considerada um orixá guerreiro, mulher de Xangô (para muitos, é irmã). Esposa de Ogum. É sincretizada com Santa Bárbara e sua saudação é *Epahei!*

Um orixá de temperamento violento, vibrante, principalmente porque está ligada às tempestades, aos raios e aos espíritos errantes.

As oferendas para este orixá deverão ser colocadas - caso não haja o peji – no bambuzal, beira de rio ou mar, ou nas estradas, dependendo da qualidade, e no cemitério, pois dizem que há uma qualidade de lansã que é ligada aos mortos.

No ritual de Angola, é chamada Bamburucema.

Acarajé para Iansã

Ingredientes:

um quilo de feijão-fradinho
uma garrafa de azeite-de-dendê
camarão seco cebola
nove velas vermelhas ou marrons
uma garrafa de champanhe
rosas (ou palmas) vermelhas
morim vermelho ou marrom
fita vermelha, marrom e branca

Modo de fazer:

Deixar o feijão de molho, de um dia para o outro, em seguida, se descasca ou se lhe tira a pele, prensando com alguma máquina. Faz-se a massa. Com o camarão seco e a cebola faz-se o molho, que é acrescentado à massa, podendo passar no liquidificador.

O azeite-de-dendê é posto em uma frigideira para esquentar e, logo em seguida, fazem-se os bolinhos, pondo-os para fritar.

O restante dos ingredientes é para preparar a mesa deste orixá, tal como se faz para os demais.

Inhame para Iansã

Ingredientes:

um quilo de inhame
uma garrafa de azeite-de-dendê
camarão
cebola
pimenta-malagueta
nove velas vermelhas ou marrons
flores
fitas
champanhe morim
uma travessa de barro

Modo de fazer:

Descascar o inhame, cozinhar e cortá-lo em fatias. Em seguida, fritar no azeite-de-dendê, com camarão ralado, cebola e pimenta. Colocar na travessa de barro.
Proceder a *entrega* como as demais.

Maçã para Iansã

Ingredientes:

nove maçãs
um quilo de canjica
uma tigela branca
nove rosas vermelhas
nove velas vermelhas ou marrons
uma garrafa de champanhe
um metro de morim vermelho ou marrom

Modo de fazer:

Cozinhar com água as maçãs. Cozinhar o milho branco, colocando-o em uma tigela branca e, por cima, as maçãs e as rosas vermelhas.

Com o resto do material, procede-se como das vezes anteriores.

Pepino para Iansã

Ingredientes:
nove pepinos
uma garrafa de dendê
nove maçãs
nove velas vermelhas ou marrons
nove rosas vermelhas
uma travessa de louça
um metro de morim vermelho ou marrom
uma garrafa de champanhe

Modo de fazer:

Cortar os pepinos em rodelas, juntamente com as maçãs. Colocar na travessa. As rodelas de maçã ficarão nas bordas, enquanto as de pepino, no meio da travessa. O dendê será posto apenas nas rodelas de pepino.

Com os ingredientes restantes procede-se como de costume.

Amalá para Iansã

Ingredientes:
quiabo, em quantidade
uma garrafa de azeite-de-dendê
um quilo de camarão seco
pimenta-malagueta
três pedaços de peito de boi
nove velas vermelhas ou marrons
uma travessa de barro vitrificada
um metro de morim vermelho ou marrom
nove rosas vermelhas

Modo de fazer:

Cortar o quiabo em rodelas. Cozinhar os pedaços de peito de boi, juntamente com o dendê, camarão e a pimenta. Em seguida, acrescentam-se as rodelas do quiabo. Refogar. Quando estiver no ponto, sem virar papa, colocar no travessa e servir sem deixar esfriar.

Com o restante do material, seguir o ritual habitual.

Oferenda para Iansã Ajudar a Amansar uma Pessoa

Ingredientes:
- uma abóbora-moranga
- nove búzios
- nove nozes-moscadas
- nove moedas
- nove metros de fitas brancas e vermelhas
- uma garrafa de mel
- nove velas brancas
- nove velas vermelhas
- um metro de morim vermelho
- um ou mais pedaços de papel com nome da(s) pessoa(s) a ser(em) amansada(s) escrito(s)

Modo de fazer:

Tire o tampo da parte de cima da abóbora. Com o morim, prepare um saco, no qual deverão ser colocados os búzios, as moedas, as nozes e o(s) nome(s) da(s) pessoa(s) que deseje amansar, para conseguir algo.

O saco ficará dentro da abóbora. Regue com mel. Em seguida, tampe a abóbora com a parte retirada. Amarre-a com as fitas.

Entregue no alto de um morro, acendendo as velas e fazendo os pedidos.

Oxalá

Seu dia é a sexta-feira.
Sua cor é o branco leitoso.
Seus locais preferidos são as nuvens, a neve e as campinas abertas.
Sua função é dar vida, paz e amor aos seres humanos.

É considerado o pai de todos os orixás, o orixá maior dos cultos afro-brasileiros. É ligado à brancura e à pureza. Tem horror ao sangue.

Existem várias formas de Oxalá. As mais comuns são Oxalufan, o Oxalá velho, sincretizado com Nosso Senhor do Bonfim; e Oxaguian, o Oxalá jovem, sincretizado com Cristo na sua forma jovem.

No ritual de Angola é chamado Lembá e Cassumbecá. Sua natureza é hermafrodita, ou seja, tanto masculina como feminina.

Em nenhuma obrigação ou oferenda para Oxalá deve-se colocar sal ou azeite-de-dendê.

Na umbanda nenhum médium é tomado por Oxalá, isto porque é impossível – dizem os umbandistas – alguém receber a energia ou o espírito de Cristo. Mas, no candomblé, a visão é outra: Oxalá, apesar de ser o mais respeitado de todos os orixás, se manifesta em seus escolhidos e suas cerimônias são de grande beleza, pureza e dignidade.

Sua saudação é *Hep, hep, Babá!* ou *Epa, epa, Babá!*

Canjica Branca para Oxalá

Ingredientes:

um quilo de milho branco
uma garrafa de mel
uma tigela ou terrina de louça branca
um metro de morim branco
dez palmas brancas
dez velas brancas ou uma de sete dias
uma garrafa de água mineral

Modo de fazer:

Cozinhar o milho, limpando-o antes, para que só fiquem os grãos brancos.

Quando estiver frio, colocar na tigela, cobrindo-o com mel e, se desejar, acrescentar manteiga de sebo de carneiro, pétalas de rosa ou flocos de algodão.

Entregar em um lugar tranqüilo ou em uma campina aberta, na relva.

A mesa é armada da mesma forma da dos outros orixás.

Arroz para Oxalá

Ingredientes:

um quilo de arroz
leite de coco
um prato de louça branca
uma garrafa de água mineral
um metro de morim branco
dez velas brancas
dez rosas brancas ou palmas

Modo de fazer:

Cozinhar o arroz no leite de coco. Deixar esfriar e colocar no prato de louça.

Se desejar, acrescente ou enfeite com pétalas de rosas, essência de alfazema e mel.

A mesa é posta como de hábito.

Clara de Ovo para Oxalá

Ingredientes:

oito ou 10 claras de ovos
uma garrafa de mel
um quilo de arroz
uma tigela branca de louça
uma vela de sete dias, branca
um metro de morim branco
oito ou 10 cravos (ou copo-de-leite) brancos

Modo de fazer:

Cozinhar o arroz apenas na água. Deixar esfriar. Bater as claras dos ovos. Colocar o arroz na tigela, cobrir com mel e, em seguida, colocar o creme das claras dos ovos, que deverá estar em ponto-de-neve.

Prepara-se a mesa e *entrega-se* ao Orixá Maior.

Se desejar, pode acrescentar uma garrafa de água mineral.

Acaçá para Oxalá

Ingredientes:

um quilo de milho branco
uma colher de pau
folhas de bananeira
uma travessa branca, de louça
uma vela de sete dias, branca
um metro de morim branco
uma garrafa de água mineral, sem gás
10 cravos, rosas ou copo-de-leite, brancos

Modo de fazer:

Deixe o milho branco de molho, uma noite, em seguida triture-o até transformá-lo em uma massa fina. Logo a seguir, com outra água, leve ao fogo para cozinhar até ficar em ponto grosso.

As folhas de bananeira são cortadas em pedaços, passadas rapidamente no fogo, para aquecer.

Com a colher de pau, vai-se retirando as porções da massa do milho branco e colocando-as nos pedaços das folhas de bananeiras. Em seguida, enrole-as.

Serão *entregues* na travessa.

A mesa será preparada como das outras vezes. Deve-se ofertar a Oxalá, de preferência, às sextas-feiras.

Feijão-Branco para Oxalá

Ingredientes:

um quilo de feijão-branco
um quilo de açúcar
um coco
uma vela de sete dias, branca
um metro de morim branco
uma garrafa de água mineral, sem gás
10 cravos, rosas brancas ou copo-de-leite
uma tigela branca

Modo de fazer:

Deixe o feijão de molho uma noite. No dia seguinte, retira-se a pele e amassa-se. A massa do feijão é posta para cozinhar com o leite de coco e o açúcar.

Para Oxalá, serve-se sempre frio. A mesa é posta como de hábito.

Arroz para Oxalá

Ingredientes:

um quilo de arroz
uma garrafa de mel
doze ovos
doze velas brancas ou uma de sete dias
um pano branco
uma terrina de louça branca
12 cravos brancos ou a flor «copo-de-leite»
uma garrafa de vinho branco doce

Modo de fazer:

Cozinhe o arroz apenas com água. Cubra-o com mel. Cozinhe os ovos à parte, retire as claras e misture-as ao arroz. Coloque na terrina.

Forre a mesa com o pano. Acenda as velas, abra a garrafa de vinho e derrame seu conteúdo no copo ou cálice. As flores enfeitam a mesa.

Lembrete: Prepare a oferenda sempre rezando e pedindo a Oxalá. Se souber, cante bastante, louvando a Oxalá.

O dia apropriado para Oxalá é sempre a sexta-feira. O seu corpo deve estar limpo: sem sexo, menstruação, álcool ou qualquer tipo de ressentimento. Muita paz.

Arroz-doce para Oxalá

Ingredientes:

um quilo de arroz
um quilo de açúcar
um coco
10 velas brancas ou uma de sete dias
um metro de pano branco
10 «copos-de-leite» (flores)
uma taça
uma garrafa de água mineral sem gás
um prato branco de louça
sal

Modo de fazer:

Tire o leite do coco e coloque-o em um copo. Use o bagaço para temperar o arroz, junto com o sal e o açúcar. Quando o arroz estiver cozido, acrescente, então, o leite do coco e deixe cozinhar um pouco mais, até ficar em ponto de papa ou pirão.

Cubra a mesa com o pano, coloque a papa no prato, ornamente com a garrafa de água, a taça, as flores e, por último, acenda a(s) vela(s).

Oxumarê

Seu dia é a terça-feira.
Suas cores são o verde-amarelo e o preto.
Seus locais preferidos são o céu, a terra e a água.
Sua função é transformar, renovar e manter a unidade do mundo.

É considerado filho de Nanã com Oxalá e irmão de Omolu e Obaluaiê.

Seus símbolos são a cobra e o arco-íris. Também tem como insígnia um tridente de ferro.

Sua saudação é *Orô Boboi!*

No ritual de Angola é chamado Angorô e em outros rituais leva o nome de Bessem ou Dan. Oxumarê é sincretizado com São Bartolomeu.

Para muitos, este orixá carrega em sua própria essência a bissexualidade, sendo seis meses do sexo masculino e os outros seis do sexo feminino. Além disso, é visto como o orixá da continuidade e eternidade, sendo dessa forma represen-tado por uma cobra mordendo o próprio rabo.

Nas tendas de candomblé, Oxumarê está sempre na mesma casa ou quarto que sua mãe, Nana, e seu irmão, Omolu ou Obaluaiê.

Para alguns, este orixá durante seis meses é uma linda moça, e nos seis meses seguintes transforma-se num monstro.

É um deus belo, rico e violento. Tem o poder da vida e da morte, bem como o da riqueza e o da destruição.

Milho Amarelo fiara *Oxumarê*

Ingredientes:

um quilo de milho amarelo
um melão
três ovos
um alguidar de barro
três velas amarelas
um metro de morim amarelo, verde ou branco

Modo de fazer:

Cozinhar o milho e os ovos. Deixar esfriar e colocar no alguidar. Os ovos serão descascados e colocados por cima do milho, em pé, como enfeite. O melão fica no centro, podendo-se abri-lo ou não.

O restante dos ingredientes segue o padrão habitual.

Bolinhos para Oxumarê

Ingredientes:

um quilo de feijão-fradinho
folha de bananeira
uma garrafa de azeite-de-dendê
uma travessa de louça amarela
três velas amarelas, verdes ou brancas
um metro de morim verde, amarelo ou branco
sete metros de fita de sete cores: branco, amarelo, verde, rosa, vermelho, azul e coral
uma garrafa de vinho branco ou rosado

Modo de fazer:

Deixar o feijão de molho por um tempo, retirando a casca, em seguida. Faz-se uma papa bem consistente e vai-se retirando com uma colher de pau, colocando em pedaços de bananeiras, devidamente aquecidas. A pasta feita do feijão fradinho deverá ficar bastante grossa, para que se possa fazer os bolinhos chamados acaçás. Coloca-se o azeite-de-dendê.

A mesa é preparada com a travessa cheia de acaçás para Oxumarê.

A garrafa de vinho será aberta e uma parte de seu líquido derramada em volta da mesa, forrada com o morim, enfeitada com as fitas e clareada com as velas.

Banana-da-Terra para Oxumarê

Ingredientes:

três bananas-da-terra
um quilo de farinha de mandioca
uma garrafa de azeite-de-dendê
meio quilo de camarão seco
um alguidar de barro
uma vela de sete dias, amarela, ou três velas comuns, também amarelas
um metro de morim amarelo

Modo de fazer:

Cozinhe as bananas e faça a farofa com dendê.

Coloque a farofa no alguidar, as três bananas por cima e enfeite com os camarões secos.

A mesa é feita como de hábito.

Omolocum para Oxumarê

Ingredientes:

um quilo de feijão-fradinho
uma garrafa de azeite-de-dendê
uma lata de azeite-doce
três ovos
três velas amarelas, verdes ou brancas
um metro de morim verde, amarelo ou branco
flores amarelas
uma terrina de louça branca e amarela

Modo de fazer:

Cozinhar o feijão-fradinho com dendê. Em seguida, amassá-lo com uma colher de pau. Cozinhar os ovos, depois retirar-lhes as cascas.

Coloca-se o pudim de feijão na terrina, enfeita-se com os ovos cozidos, regando com o azeite-doce.

A mesa é posta da forma costumeira.

Milho Vermelho para Oxumarê

Ingredientes:

três quilos de milho vermelho
uma garrafa de dendê
11 velas de cores diferentes ou uma de sete dias
uma folha verde de bananeira
um metro de pano amarelo
um metro de pano azul
um metro de pano branco
um alguidar ou prato de barro

Modo de fazer:

Deixa-se o milho de molho, durante uma noite. No dia seguinte, faz-se uma massa daquele milho à qual se adiciona o azeite-de-dendê.

Corta-se a folha de bananeira em pedaços, passando-os em fogo brando, para amolecer.

Em seguida, fazer pequenos bolos com a massa, enrolando-os nas folhas das bananeiras, tal como se faz o acaçá. Coloca-se em um alguidar ou prato de barro.

Cobre-se a mesa com os panos, colocando sobre ela o alguidar e acendendo ao seu redor, ou nas proximidades, a(s) vela(s).

Faça a entrega como de costume.

XANGÔ

Seu dia é a quarta-feira.
Suas cores são o vermelho e o branco (na umbanda é marrom).
Seu local preferido é a pedreira ou o alto da pedra.
Sua função principal é a justiça.

Xangô é considerado um rei, tendo 12 ministros, sendo, portanto, 12 o seu número. Desse ministério, seis ministros acusam e seis absolvem. É também um orixá guerreiro, mulherengo, mas muito justo.

O símbolo de Xangô é uma machadinha e o pilão também tem ligação com este orixá.

Xangô usa o branco em homenagem a Oxalá, na versão milenar de uma lenda afro, mas pode variar, devido às múltiplas formas deste orixá. Está ligado à Iansã, à Oxum e à mais velha de suas mulheres – o orixá Obá, raro, hoje em dia, nos candomblés modernos, embora de fundamento dentro dos mais tradicionais.

Seu prato predileto é o quiabo, o que é explicado por outra lenda afro.

O *assentamento* de Xangô é composto, principalmente, por uma pedra, *otá*, preparado magicamente, e colocado em uma gamela de madeira, assim como seu pilão, também de madeira.

Além de tudo, Xangô está ligado ao raio e ao trovão. Seus devotos o identificam com São Pedro, São João e São Jerônimo.

Amalá de Xangô

Ingredientes:
quiabo
camarão seco
azeite-de-dendê
pimenta-malagueta
rabada de boi
vela vermelha e branca
travessa de madeira ou barro vermelho
morim branco e vermelho
cerveja preta
fósforos

Modo de fazer:

Leva-se ao fogo, para cozinhar, a rabada com o azeite-de-dendê e a pimenta. Estando cozida, acrescenta-se o quiabo, devidamente picado ou em rodelas. Em seguida, coloca-se na travessa, servindo-se quente.

A *entrega* da oferenda pode ser feita, tanto no seu *assentamento* como em uma pedra, na mata ou beira da estrada. Alguns oferecem dentro do mar ou rio, em cima de uma pedra, de preferência cinza ou marrom.

O ritual com o resto do material é sempre o mesmo dos outros orixás.

Peixe para Xangô

Ingredientes:

bagre cebola
salsa e cebolinha
pimenta-do-reino, alho, sal
quiabo, cortado em rodelas finas
camarão seco
azeite-de-dendê
vela vermelha e branca
cerveja preta
morim branco e vermelho
fósforos
travessa de madeira ou de barro

Modo de fazer:

Refoga-se a cebola, a salsa, a cebolinha, o alho e a pimenta-do-reino, com o peixe, acrescentando dendê. Quando estiver fervendo, acrescente o quiabo em rodelas finas e o camarão seco. Ofereça ainda quente.

O local será o mesmo da oferenda anterior; o ritual de *entrega* varia de acordo com o desejo e a sensibilidade do filho-de-fé. A disposição do material também varia, mas a mesa deve ser posta com muita fé e harmonia.

Peixe de Boi para Xangô

Ingredientes:
três pedaços de peito de boi
azeite-de-dendê
salsa e cebolinha
quiabo
camarão seco
moedas correntes
cerveja preta
travessa ou alguidar (barro ou gamela)
vela
morim branco e vermelho
fósforos

Modo de fazer:

Cozinhar os pedaços do peito de boi, com dendê, salsa, cebolinha e camarão seco, acrescentando depois o quiabo em rodelas. O quiabo não deve se desmanchar. Colocar na travessa ou alguidar, pondo em cima as moedas.

Procurar uma pedra, bem no alto, e levar esta oferenda, ainda quente, por cima da cabeça, fazendo os pedidos e solici-tando a resolução de seus problemas, principalmente quando se trata de caso de justiça ou dívida.

O restante se procede da mesma forma como das vezes anteriores.

Uma Oferenda Simples

Ingredientes:

cerveja preta
vela vermelha e branca
morim vermelho e branco
moedas correntes
charuto e fósforos
12 cravos vermelhos e brancos
   (seis de cada cor)
12 fitas vermelhas e brancas (seis
   de cada cor)

Modo de fazer:

Ofertarem uma pedreira ou numa pedra grande e alta.

Fazer a mesa, forrando inicialmente os panos. Se for para pedir paz, harmonia e perdão, o branco fica por cima; se for pedido de justiça, ou de demanda, o vermelho é que toma a frente. A cerveja, depois de aberta e derramada um pouco em volta, ficará no centro. As moedas serão colocadas em volta e os demais ingredientes dispostos harmonicamente. Velas e charutos acesos, fitas e flores, seis de cada lado, representando os ministros que irão julgar os pedidos.

Pamonha para Xangô

Ingredientes:

um quilo de feijão fradinho
uma folha de bananeira
uma garrafa de azeite-de-dendê
um quilo de camarão seco
uma garrafa de cerveja preta
um copo ou cálice
12 velas marrons ou uma de sete dias
12 travessas de barro ou madeira
um metro de morim vermelho e outro, branco

Modo de fazer:

O dia propício para entrega a Xangô ou Iansã é sempre a quarta-feira. A hora é sempre ao amanhecer, para qualquer orixá, menos Exu.

O feijão deve ficar de molho de um dia para o outro. Retire a casca. Hoje em dia usa-se o liqüidificador para fazer a massa, à qual mistura-se o camarão. Ponha o azeite para ferver em uma frigideira, panela ou tacho. Faça os bolos da masa do feijão. Ponha para fritar. Em seguida, prepare as folhas da bananeira, cortando-as em pedaços, levando-os ao calor para amolecer.

Ponha os bolos nos pedaços das folhas e enrole-os. Estão prontas as pamonhas de Xangô. Siga o mesmo ritual das receitas anteriores. Para Xangô, se a entrega for ao ar livre, é sempre feita em cima de uma pedra.

Pirão de Aipim para Xangô

Ingredientes:

um quilo de aipim
uma travessa de barro
12 velas marrons ou uma de sete dias
um pano branco e um vermelho
uma garrafa de cerveja preta
um copo ou cálice

Modo de fazer:

Descasca-se o aipim, cortando-o em fatias muito finas e, em seguida, põe-se para secar ao sol. Hoje em dia há outros recursos para secá-lo mais rapidamente.

Tritura-se as rodelas secas. Usar o liqüidificador ou o pilão. Peneirar o aipim, tornando-o um pó fino. Faz-se o pirão, adicionando água fervente a este pó.

O procedimento de entrega é o mesmo das oferendas anteriores.

Costela de Boi para Xangô

Ingredientes:

um quilo de costela
um quilo de cebola
um quilo de quiabo
um quilo de camarão seco
uma garrafa de dendê
alho, salsa, pimenta-do-reino, sal
uma travessa de barro ou madeira
12 velas marrons ou uma de sete dias
um metro de pano branco
um metro de pano vermelho
uma garrafa de cerveja preta
um copo ou cálice

Modo de fazer:

Limpe bem a costela e corte-a em partes. Corte os quiabos em rodelas finas. Ponha tudo na panela, junto com o camarão, o dendê e os demais ingredientes, fazendo um refogado.

Quando estiver pronto, ponha-o na travessa. Espere esfriar e entregue no horário certo, arrumando a mesa com os demais ingredientes.

Costela de Boi para Xangô

Ingredientes:

12 bagres (peixe)
um quilo de quiabos
uma garrafa de dendê
um quilo de camarões secos
um quilo de cebola
uma garrafa de cerveja preta
alho, salsa, coentro, pimenta-do-reino, sal
12 velas marrons ou uma de sete dias
um metro de pano vermelho
um metro de pano branco
um copo ou cálice

Modo de fazer:

Limpe o peixe e corte os quiabos em rodelas finas. Ponha tudo na panela, com bastante dendê. Adicione os demais ingredientes e refogue. Deixe ficar bem cozido. Espere esfriar e ponha na travessa. Entregue na hora certa, conforma já foi dito anteriormente.

Prepare a mesa com os outros ingredientes.

Deve-se cantar e pedir ao orixá durante todo o preparo e a entrega da oferenda.

NANÃ BURUCU

Seu dia é o sábado ou a segunda-feira.
Suas cores são branco, roxo, lilás e azul-claro ou azul-escuro.
Seus locais preferidos são o cemitério, o lodo dos rios, lagos e oceanos.
Sua função é a criação e a transformação da vida.

É considerada mãe de Omolu e Oxumarê, e esposa de Oxalá. Seu sincretismo é com Sant'Ana.

É também chamada Nanã Burukê, Nanambiocô, Nanbuku. Nanã está associada à água, à lama e à morte.

Sua saudação é *Saluba!*

Dentro do candomblé é um dos orixás mais respeitados, sendo que em alguns terreiros seus filhos, ao se iniciarem, não podem ser raspados. Para uns, Nanã é a mãe de todos os orixás, para outros, é a avó.

Sua dança é lenta, andar curvado, demonstrando sua idade e velhice. Para a maioria, este orixá é a própria morte.

Pão para Nanã

Ingredientes:

pão velho
cravo-da-índia e canela
camarão seco sem sal
couve
azeite-de-dendê
prato de barro
13 velas roxas
um metro de morim roxo ou lilás

Modo de fazer:

O pão deverá ser amolecido, transformando-se em papa. Em seguida, juntam-se o cravo e o camarão.

A couve deve ser picada e frita no azeite-de-dendê. Coloca-se tudo no prato de barro, sendo que a couve será posta nas bordas do prato.

Esta oferenda deverá ser *entregue*, de preferência, no cemitério.

Sarapatel para Nanã

Ingredientes:
miúdos de porco
limão
coentro, salsa, cebolinha e todos
   os demais temperos verdes
pimenta-do-reino e cominho
folhas de louro
13 velas roxas ou lilases
um prato de barro ou tigela
um metro de morim roxo ou lilás

Modo de fazer:

Limpam-se e picam-se os miúdos. Passa-se o limão, para, em seguida, aferventar.

Prepara-se o tempero, que se acrescenta aos miúdos picados, deixando por umas horas até tomar gosto. O sangue do porco é aferventado em separado, para depois ser esfarelado, quando, na panela, os miúdos estiverem cozinhando já com o tempero.

Esta oferenda pode ser *entregue* em qualquer lugar destinado a Nanã.

O resto do material é colocado na mesma disposição anterior.

Pipocas para Nanã

Ingredientes:
um quilo de milho alho
uma garrafa de azeite-de-dendê
um alguidar de barro
13 velas lilases ou roxas
um metro de morim lilás ou roxo

Modo de fazer:

Colocar o azeite-de-dendê em uma panela, para esquentar. Em seguida, colocar o milho para virar pipoca. Escolher aquelas que ficarem mais abertas e colocar no alguidar. *Entregar* tanto no cemitério como em algum lugar destinado a este orixá.

Preparar a mesa, como de hábito.

Mingau para Nanã

Ingredientes:

creme-de-arroz
leite de coco
açúcar
laranja lima
uma travessa ou bandeja de barro
13 velas roxas
morim roxo ou lilás

Modo de fazer:

Prepare o mingau e, em seguida, coloque no recipiente de barro.

A laranja lima é aberta em quatro bandas, deixando-a em forma de flor. Enfeita-se a borda do recipiente onde está o mingau.

Entregar em um pantanal ou cemitério.

Com o restante do material, proceder da forma usual.

Oferenda para Nanã para Curar Problemas nos Olhos

Ingredientes:

13 bananas-de-são-tomé
13 gemas de ovos
uma garrafa de mel de abelha
um metro de pano branco
um alguidar grande de barro

Modo de fazer:

Assar as bananas. Quando estiverem frias, abri-las em banda, colocando-as no alguidar. Os ovos devem ser cozidos, suas gemas retiradas e postas por cima das bandas das bananas. Regue com bastante mel por cima.

Essa oferenda deve ser entregue no lodo ou lamaçal de um rio. O pano é para forrar o local. Mas, antes, passe-o, simbolicamente, nos olhos ou olho afetados.

Bolo para Nanã

Ingredientes:
um quilo de fubá de milho
um quilo de amendoim
um quilo de açúcar
sete ovos
um litro de leite
13 velas roxas
meio quilo de milho para pipoca
um metro de pano branco
um metro de pano lilás
uma garrafa de água mineral
uma taça ou copo
um alguidar (prato de barro)
fermento em pó
uma colher de manteiga

Modo de fazer:

O amendoim deve ser torrado e transformado em farinha. Acrescenta-se ao fubá a farinha do amendoim, o açúcar e um pouco de manteiga. Bata os ovos e, em seguida, adicione o leite para preparar a massa do bolo. Adicione uma colher de café de fermento em pó. Em uma fôrma, de preferência, em forma de coração, leve-o ao forno. Pronto o bolo, deixe esfriar. Ponha-o no prato de barro, enfeitando-o com pipocas bem abertas.

Prepare a mesa da mesma forma descrita anteriormente.

Bagres para Nanã

Ingredientes:

13 bagres pequenos
uma garrafa de dendê
três quilos de camarão de água doce
meio quilo de cebola
salsa, pimenta, coentro, cebolinha, alho, pimentão, sal
13 velas brancas ou roxas
um metro de pano branco ou lilás
3 limões

Modo de fazer:

Limpe os peixes e passe o limão. Tempere-os com coentro e cebola. Em seguida, frite-os no azeite-de-dendê. Refogue os camarões com os demais temperos e o azeite-de-dendê.
Prontos e frios, junte os peixes fritos e cubra com o molho de camarão.
Prepare a mesa igualmente às outras com os demais ingredientes.

OSSÂIM

Seu dia é a segunda, a terça ou a quinta-feira.
Suas cores são o amarelo, o marrom e o verde.
Seu local preferido são as matas.
Sua função é ser guardião das folhas. É curador e também adivinho.
Sua saudação é euê ó!

É considerado o dono das folhas, amigo de Oxóssi, vivendo nas matas. Re-presenta os mistérios, as virtudes e as forças das folhas selvagens.

No candomblé nada se faz sem invocar o deus das folhas, porque em todos os rituais ela está presente. Assim sendo, Ossâim participa de todos os enredos e mistérios que envolvem os rituais de candomblé, sendo, dessa forma, sempre agraciado com oferendas, principalmente quando se vai à mata para colher suas flores.

É simbolizado por um cajado de metal branco, em forma de árvore, com um pássaro encimado na haste principal, plantado em um pote de barro.

Fumo para Ossâim

Ingredientes:
um pedaço de fumo de rolo
uma garrafa de mel
sete moedas correntes
sete búzios abertos
sete velas verdes, amarelas ou marrons
uma garrafa de cachaça

Modo de fazer:
Dirija-se à mata e, na sua entrada, procure uma árvore. Sob suas ramas, ofereça os ingredientes acima.

As garrafas serão abertas e metade de seus conteúdos despejados em volta da árvore. Canta-se e dança-se para Ossâim, pedindo e implorando sua ajuda. Os búzios, as moedas e o fumo de rolo são postos junto ao pé da árvore.

Abrem-se os búzios, retirando-se a parte fechada, com um estilete ou a ponta de uma tesoura, ficando, assim, abertos de um lado e com a fenda natural do outro.

As velas são acesas sob o pé da árvore ou em volta.

Oferenda para Conseguir Emprego

Ingredientes:

um quilo de fubá de milho amarelo
uma garrafa de mel uma garrafa de cachaça sete moedas
meio quilo de amendoim sem casca
sete velas amarelas ou verdes
um pedaço de morim verde e outro amarelo
um alguidar de barro

Modo de fazer:

Com o mel e o fubá faz-se uma farofa; depois acrescenta-se o amendoim. Coloca-se no alguidar e, em suas bordas, as moedas.

Prepara-se a mesa da mesma forma que para os outros orixás.

A cachaça é aberta e derramada um pouco em volta da oferenda, com as velas acesas.

Se desejar, ponha um pedaço de fumo de rolo ou mesmo fumo picado.

Batata-Doce para Ossâim

Ingredientes:

sete batatas-doces
um alguidar ou prato de barro
sete velas verdes e amarelas
um metro de morim verde
uma garrafa de cachaça
um pedaço de fumo de rolo
uma garrafa de mel

Modo de fazer:

Cozinhe as batatas, parta-as em rodelas e, em seguida, coloque-as no alguidar. Abra a garrafa de mel e despeje em cima das rodelas de batata.

Com o restante dos ingredientes, prepara-se a mesa na forma habitual.

Abacate para Ossâim

Ingredientes:
sete abacates
uma garrafa de mel
fumo de rolo esfarelado
amendoim sem casca
sete velas amarelas ou verdes
uma garrafa de cachaça
um metro de morim verde
um alguidar de barro

Modo de fazer:

Partir os abacates ao meio, retirando os caroços. Em seguida, encher as cavidades dos abacates com amendoim e fumo de rolo esfarelado. Acrescentar mel.

Colocam-se as 14 bandas ou pedaços de abacate no alguidar.

A mesa é feita da mesma forma que as anteriores. A garrafa de cachaça estará sempre aberta, derramando-se um pouco de seu conteúdo em volta da oferenda, salvando e cantando para o orixá.

Feijão-Branco ou Fradinho para Ossâim

Ingredientes:

um quilo de feijão-branco ou fradinho
uma garrafa de azeite-de-dendê
um quilo de arroz
um alguidar de barro
sete velas amarelas ou verdes
um metro de morim verde

Modo de fazer:

Cozinhar o feijão, amassá-lo e, dessa massa, fazer bolinhos passados no azeite-de-dendê. Em seguida, cozinhar também o arroz, bem liguento, para depois transformá-lo em bolinhos.

Arrumam-se os bolos de feijão no fundo do alguidar e, em suas bordas, os de arroz.

A mesa é preparada como de hábito.

Lembre-se de que o agrado preferido de Ossâim é a cachaça, o fumo de rolo e o mel. Portanto, em qualquer obrigação para este orixá pode-se acrescentar tais ingredientes.

Quibebe de Batata-doce para Ossâim

Ingredientes:
- batata-doce coco
- uma garrafa de mel
- um pedaço de fumo de rolo
- uma garrafa de vinho tinto
- um copo ou cálice
- um alguidar (prato) de barro
- um metro de pano verde
- um metro de pano marrom
- 14 velas verdes ou uma de sete dias

Modo de fazer:

Cozinhara batata-doce. Quando estiver fria, amasse-a, formando uma massa consistente. Em seguida, tirar o leite do coco e despejá-lo na massa da batata. Adicionar mel e misturar até formar uma pasta doce, que deverá ser posta no alguidar.

A oferenda é entregue, de preferência, na entrada de uma mata fechada.

A mesa deve ser preparada da mesma forma que as anteriores.

Para Ossâim, para Conseguir Obter mais Dinheiro

Ingredientes:

uma abóbora-moranga
14 moedas
uma panela de barro com tampa
uma garrafa de vinho tinto
um prato de louça branca
uma garrafa de mel
um pedaço de fumo de rolo
uma cebola
uma quartinha de barro

Modo de fazer:

Corte a abóbora em 14 rodelas, colocando-as no prato, junto com as moedas. Faça o mesmo com o pedaço de fumo e coloque sobre cada moeda. Regue com mel.

Coloque o prato atrás da porta de entrada.

Na panela de barro, coloque a cebola cortada em cruz, o mel e o vinho tinto. Tampe a panela.

Na quartinha, coloque vinho e mel.

Procure uma parte alta da casa e deixe a oferenda lá, tendo a preocupação de nunca deixar a quartinha secar, renovando sempre o líquido.

Oferenda para Ossâim para Conseguir Coisas Difíceis

Ingredientes:

14 ovos
um alguidar de barro
uma garrafa de dendê
uma lata de azeite-de-oliva
14 velas verdes
um metro de pano verde
uma garrafa de vinho tinto
um pedaço de fumo de rolo
um copo

Modo de fazer:

Cozinhe os ovos e mantenha-os com casca, quebrando apenas as pontas. Coloque-os no alguidar e regue-os com azeite-de-dendê e azeite-de-oliva.

Essa oferenda será entregue na mata fechada.

A mesa é preparada como de costume.

Este livro foi impresso em maio de 2017 na Gráfica Edelbra, em Erechim.
O papel de miolo é o offset 75 g/m², e o de capa cartão 250 g/m².